Le Bonheur c'est simple

GUIDE PRATIQUE

LES CONSEILS DE CRICRI

Auteur

CHRIS ANDER

Je serai court, bref, précis, parole de barbu !
Pas de blablas, on n'a pas le temps,
la vie est trop courte…

INTRO

Le bonheur, c'est un cheval qui galope vite…

Voici 50 conseils pour l'attraper et le retenir ! Alors accrochez-vous et munissez-vous d'un lasso hihaaaaaa !

1. **tomber amoureux, trouver l'amour** : c'est la meilleure des potions magique. De nos jours les rencontres se font en majorité sur les sites de rencontres… Ensuite au travail, à la salle de sport, lors des repas entre amis, lors de cérémonies tel le mariage… On peut faire des rencontres partout, il suffit d'ouvrir les yeux puis son coeur.

2. **les câlins et les bisous** sont les meilleurs remèdes contre la dépression. Profitez en car ce sont des gourmandises gratuites qui ne font pas grossir.

3. **dormir oui mais bien**, après une bonne nuit de sommeil, tout va mieux on respire la joie de vivre et on a le sourire au petit dej. Je vous conseille la médecine chinoise pour mieux dormir… En gros il s'agit d'appuyer et de masser des zones précises du corps afin de libérer des sensations de bien-être…

4. **être généreux** : “tout ce qui n’est pas donné est perdu”, Victor Hugo disait “le bien que l’on fait parfume l’âme”. Le véritable amour est de donner sans compter et de ne rien demander en retour.

5. **fuir la monotonie, partez à l’aventure !** Vivre sans cesse les mêmes journées est le meilleur moyen de sombrer dans la dépression ! Alors faites de chaque jour une nouvelle aventure, commencez par découvrir votre ville entièrement par exemple pas besoin de partir loin, il y a forcément un bar, un resto, un endroit insolite encore inconnu qui vous attend…

6. **être positif**, ne pas voir le verre à moitié vide mais à moitié plein. Dans chaque évènement, y a du bon tout n'est qu'une question de point de vue. C'est sûr, il est plus facile d'être grincheux, il faut du courage pour rester positif mais personnellement je me dirige instinctivement vers les personnes rayonnantes.

7. **le jugement est un manque de savoir**, gardez le silence avant de juger une autre personne, on regrette toujours d'avoir parlé mais jamais d'avoir gardé le silence. Et qui connais notre histoire parfaitement personne alors comprenez que pour les autres c'est la même chose… Donc un mot vers le bonheur : RESPECT

8. **flinguer l'ego** : ne vous prenez pas trop au sérieux ! Une fois l'ego mort je peux vous assurer que tous vos problèmes seront dérisoires. Mais pour ce faire il faut devenir un moine shaoline… Oui je sais tu tiens à tes cheveux, tes fringues et ton tel ! Et bien intéresse toi aux autres un peu plus qu'à ton nombril pour commencer ! Ensuite je te propose d'étudier l'astronomie, l'infiniment petit et l'infiniment grand afin que tu te rendes compte que l'homme n'est qu'un petit grain de sable perdu dans l'univers...

9. **osez réaliser vos projets**, c'est comme ça que vous allez fuir vos idées noires, et rencontrer les bonnes personnes et peut-être l'amour de votre vie. On a qu'une vie et on se doit de la vivre pleinement en se levant le matin avec l'envie de vivre ses rêves ou lieu de les rêver... Réaliser ce qui nous tient à coeur est profondément une chose centrale pour accéder au bonheur.

10. **fuir les personnes toxiques**, celles qui vous rabaissent et vous jugent constamment. Charles Bukowski les surnomme les requins, dans un de ses poèmes, il explique que l'on a tous des requins qui nous bouffe la vie, et que le seul moyen pour qu'ils nous oublient et de tout simplement arrêter de les nourrir et vous savez ce qu'ils font ? Ils vont aller chercher d'autres proies…

11. **faire une liste de tous ce qui nous rend heureux** ! Puis dans un second temps commencer à piocher dans celle-ci afin de trouver des petits bonheurs à réaliser au quotidien. Donc il faut se connaître davantage et prendre du temps pour soi…

12. **faire ce qu'on aime** : je sais facile à dire mais commencez par de petite choses, une crêpe au nutella, un petit week-end en amoureux, regarder un match de foot, un massage, chanter dans sa voiture, appeler un ami, tout ce qui vous donne le sourire...

13. **écouter de la musique** : on a tous des musiques préférées qui nous donnent la pêche, le smille, et bien qu'attendez-vous pour les écouter encore et encore… La musique transcende, relax, adoucit, réconforte… L'un des meilleurs médicaments contre le stress.

14. **regarder sa série préférée** : GOT par exemple, en attendant la nouvelle saison replongez au coeur des anciennes saisons sous la couette avec votre partenaire…

15. **lire** : et oui ça permet de penser à autres choses donc de s'évader et c'est une très bonne thérapie à la dépression car la lecture fait diminuer le stress de façon très conséquente…

16. **écrire** : c'est hurler en silence, autrement dit un bon défouloir. Libérez vos idées noires, mettez votre coeur à nu, que ce soit pour un journal intime ou un polar, ou simplement des idées, un poème… Cela permet de cheminer vers le bonheur.

17. **jouer aux jeux vidéo** : Très bon pour la réflexion d'une part et aussi facilite l'imaginaire... Sans oublier que de jouer en réseau vous permettra de geeker et de partager vos passions…

18. **faire l'amour** : quoi de mieux de se donner corps et âme à la personne qu'on aime.

19. **méditer** : se questionner sur soi, sa vie est très important ! Se poser les bonnes questions, les questions existentielles : qui suis-je ? ou vais-je ? ... Comprendre le monde qui nous entoure. Méditer en moyenne 5 minutes par jour serait agréable et prolifique pour mieux aborder les mauvaises nouvelles et la fatigue.

20. **oublier les erreurs du passé** : arrêtez de vous faire du mal …On ne peut revenir en arrière, alors stop on arrête de se torturer l'esprit avec de vieilles pensées négatives.

21. **allez de l'avant** ! Chaque jour est une chance, un cadeau.

22. **garder son âme d'enfant** : devenir adulte c'est un piège ! Restez curieux de tout !

23. **sourire** : et oui ça va emmerder ceux qui ne vous aime pas et c'est la meilleure réponse à tous vos problèmes. Il vous faut sourire à la vie, donc à la mort, dîtes lui je suis vivant et je compte bien en profiter maintenant ! La faucheuse prend toujours en avance alors faîte la mentir, dite lui d'aller se faire voire … Ou mieux encore soyez heureux avant la fin :)

24. **voyager** : y a tant de pays formidables à visiter, partez entre amis ou en famille. De plus le voyage apprend la tolérance...

25. **entourez-vous de vrais amis**, mais des amis de confiance, sincère : c'est simple comment les reconnaître ? Ils sont toujours là dans les bons et mauvais moments et savent vous dire les choses sans vous blesser … Ils ne veulent que votre bonheur et votre réussite.

26. **arrêtez de vous justifier** : les gens entendent ce qu'ils veulent entendent donc ne gaspillez votre énergie votre enthousiasme pour rien.

27. **écrire des sexto**, des sms coquins à votre partenaire ou votre sexfriend pour pimenter votre journée et préparer votre soirée...

28. **cuisiner vos plats préférés** : pourquoi pas organiser une soirée crêpes en famille ?

29. **dites “je t’aime”** : deux mots magiques qui ont un pouvoir inégalable ! On ne le dit jamais assez pourtant murmurer à une personne je t’aime est indescriptible… Seulement parfois il est trop tard ! Aimer et être aimé c’est ressentir le soleil des 2 côtés… Laissez entrer le soleil dans vos coeurs !

30. **développer sa confiance en soi** : ça passe par l’estime de soi, par la remise en forme, par la culture, l’humour, et la capacité à améliorer son hygiène de vie (oxygénation, hydratation et nutrition)… Rien d’impossible pour celui qui a confiance en lui. Mais ne jamais oublier que la confiance en soi est la seule chose qu’il est facile d’acquérir mais aussi la plus facile à perdre...

31. **apprenez à vous aimer comme vous êtes** avec vos défauts, avec vos imperfections... Personne n'est parfait ! Et puis parfois c'est eux qui font notre charme. Soyez différent : "Soyez-vous même les autres sont déjà pris" Oscar Wilde.

32. **les gens heureux sont attirants** : alors souriez à la vie maintenant !

33. **acheter vos comédies préférées** comme ça quand le dimanche ou le soir il n'y a rien de bien à la télé sortez un bon vieux nanars bien hilarant…

34. **le bleu c'est sympa** : cette couleur peut réduire votre stress, à essayer !

35. **boire une bonne bière ou un bon verre de vin** : pas tout le tonneau ni toute la bouteille mais une bonne bière de temps en temps rend heureux en plus si vous la partagez avec vos amies alors là c'est encore mieux…

36. **courir** : permet au corps d'éliminer les toxines, de rester en forme, de prendre l'air, de faire des rencontres, de respirer, de mincir, de se tonifier, de se changer les idées... L'homme est fait pour marcher, pour bouger, alors mets des baskets et sors jogger et impose ton style ;) On évalue à 30 min de marche minimum par jour pour permettre au corps le maintien d'une bonne santé (avec une alimentation équilibrée).

37. **faire du sport** : dépasser ses limites, décompresser, rencontrer des gens qui ont la même passion, oublier sa journée de boulot et le sport c'est la santé !

38. **Manger sainement** : un corps sain dans un esprit sain, mens sana corpore sano. Faites 3 repas par jour en sachant que le petit déjeuner est le repas le plus important. (Je ferai probablement prochainement un guide pratique sur ce thème).

39. **ne perdez pas tout votre temps sur internet ou les réseaux sociaux** (ce qui veut dire ne restez pas la tête baissée sur votre téléphone). Souvent on y va pour une idée bien précise et deux heures plus tard on regarde une vidéo à la con sur comment nettoyer ses WC avec du Coca-cola… Allez sur internet et ne vous laissez pas influencer ! Ne perdez pas de vue votre emploi du temps ! Le temps est précieux, utilisez-le intelligemment ! Heureusement beaucoup de vidéos intéressantes, des tutos remarquables, ainsi que des vidéos pleines d'humours sont disponible sur YouTube, à vous de bien répartir ce temps de détente ou de culture sans oublier vos priorités journalières.

40. **rendre visite à sa famille** : ne pas négligez l'essentiel notamment vos parents … Quand tu ne sais pas ou tu vas regardes d'où tu viens !

41. **le resto qui fait du bien** : de temps en temps, un bon resto pour et votre conjoint appréciera de ne pas cuisiner…

42. **faites vous plaisir au moins une fois dans la semaine** en mangeant n'importe quoi, le bon cheap meal pour ceux qui font du fitness ou de la musculation, ne vous privez pas de ce que vous aimez indéfiniment !

43. **vivre l'instant présent** : demain n'existe pas ! Le passé, il est loin déjà alors deux mots à retenir : Carpe Diem

44. **appréciez ce que vous avez** : "soit heureux avec rien tu seras heureux avec tout " prenez conscience que le bonheur se cache derrière des choses simples, un coucher de soleil, une bonne santé, des amis bienveillants, une famille aimante, des choses que vous avez déjà peut-être sans le savoir… n'attendez pas d'être millionnaire pour être heureux …

45. **l'inconnu** : essayez la poterie, le dessin, au cinéma un film au hasard, au resto un plat différent, sortez de votre confort et ainsi vous serez peut être surpris et en même temps rassuré sur ce que vous aimez vraiment.

46. **communiquer** : dans le couple ou dans la vie de tous les jours communiquer c'est vraiment très important, ne gardez pas tout pour vous ! Parler, exprimer ses émotions permet de briser la glace, ça facilitera l'échange et la convivialité au sein de votre foyer, cercle d'amis… Et même au travail !

47. **faire du shopping** : c'est les soldes mais faites-vous plaisir ! Faites chauffer la carte bleue, de nombreuses études ont montré que les femmes préfèrent le shopping aux galipettes. Et oui le point G et à la fin du mot shopping.

48. **faites en sorte que chaque minute compte** ! Vivez pleinement !

49. **ne cherche pas cette personne qui va changer ta vie**, car tu la croises tous les matins ! Oui tu viens de comprendre enfin ! Cette personne, bas c'est toi !

50. **On ne peut pas rattraper le temps perdu**
mais on peut arrêter de perdre son temps

En bonus le conseil ultime

Ne t'occupe pas de ce que pense les autres !

Conclusion

On ne va pas se mentir la vie ce n'est pas un conte de fée mais en appliquant tous ces petits conseils ça va aller beaucoup mieux j'en suis sur alors merci qui ?

Merci cricri ! Le bonheur c'est simple, il faut le vouloir et une fois heureux à vous de tout faire pour le rester. C'est comme en amour il faut toujours surprendre son partenaire, rien n'est acquis…

www.ingramcontent.com/pod-product-compliance
Lightning Source LLC
Chambersburg PA
CBHW051404250726
48656CB00006B/2263

* 9 7 8 1 9 8 0 2 5 1 6 6 8 *